Manos a la obra 1

INTRODUCCIÓN - MODO DE USO

Con gran alegría *Editorial Concordia* presenta este nuevo recurso **REPRODUCIBLE** de instrucción para niños de 4 a 9 años. Manos a la obra fue desarrollado como un material de apoyo para clases de escuelas bíblicas; ofrece temas del calendario cristiano que son necesarios para ir iniciando al niño en las diversas estaciones del año litúrgico, su simbología y significado. Las lecciones están preparadas para ser desarrolladas en una sola clase. Todas ellas tienen referencias bíblicas para la organización de la clase; si bien presentan técnicas de trabajo, el maestro tiene la libertad para variarlas.

– Las actividades están diseñadas a partir de la Biblia Versión Popular, Dios habla hoy.

– En el margen superior izquierdo aparece un recuadro que identifica la festividad; el maestro la explicará y hará pintar el nombre de la fiesta con el color que se indica: morado o violeta (arrepentimiento, humillación), negro (tristeza y muerte), blanco (alegría, luz, pureza), verde (vida, crecimiento), rojo (victoria, triunfo, color del Espíritu Santo).

– Al pie de cada título figura el texto bíblico a trabajar.

– Cada festividad tiene actividades para dos niveles: el nivel 1 es para niños de 4 a 6 años, y el nivel 2 es para niños de 7 a 9 años.

– En la lección de **Epifanía,** nivel 1, el maestro relatará el texto enunciado, resaltando el versículo Mateo 2.11: "lo adoraron sólo a él".

– En la lección de la **Transfiguración,** nivel 2, la telegrilla es bastante extensa, si el maestro lo cree necesario, puede simplificarla completando algunas palabras y adaptarla a su nivel. De igual manera puede proceder con la lección de **Jueves Santo,** nivel 2.

SOLUCIONES:

Adviento, nivel 2: esperanza, paz, alegría, amor, Cristo (Mesías).

Navidad, nivel 2: Les ha nacido hoy en la ciudad de David un Salvador que es Cristo el Señor.

Bautismo, nivel 2: Paloma, Juan, Hijo, amado, agua, Jesús, Espíritu, Jordán, elegido, Santo, cielo.

Transfiguración, nivel 2: 1- Pedro, 2- rostro, 3- vestidos, 4- resplandecientes, 5- Moisés, 6- Elías, 7- monte, 8- gloria, 9- Hijo, 10- transfiguró, 11- Jesús, 12- oraba, 13- Santiago, 14- amado, 15- Juan, 16- discípulos, 17- temor, 18- levántense, 19- nube, 20- solo, 21- voz, 22- nadie, 23- Dios.

Jueves Santo, nivel 2: 1- suyos, 2- apóstoles, 3- hecho, 4- Judas, 5- doce, 6- pies, 7- ejemplo, 8- templo, 9- palangana, 10- cintura, 11- quería, 12- Jesús, 13- entenderás, 14- después, 15- hazlo 16- niegan, 17- Bartolomé, 18- mismo, 19- Simón.

Ascensión, nivel 2: 1- templo, 2- resurrección, 3- sanó enfermos, 4- muerte, 5- pasión, 6- milagros, 7- autoridad, 8- ascensión.

Pentecostés, nivel 2: Pentecostés, reunidos, ruido, fuego, Galilea, creyentes, lenguas, asombro, Jerusalén, Espíritu Santo, cielo.

Reforma, nivel 2: vida, monje, el, justo, por, la, amor, fe, de, Dios, vivirá, idioma, tradujo, la, alemán, escribió, himnos, Martín Lutero, teólogo, Biblia.

Autoras: María Ester H. de Sturtz y Úrsula S. de Perez

Artista y diagramador: Jorge Germán Sack

3558 S. Jefferson Avenue, St. Louis, MO 63118-3968 U.S.A.

Editorial Concordia es una división de Concordia Publishing House.

Impreso en Colombia.

1 2 3 4 5 6 7 8 9 10 12 11 10 09 08 07 06 05 04 03

ADVIENTO

SOMBREAR CON VIOLETA

MI CORAZÓN SE PREPARA Y ESPERA

Lucas 1.26-38; 21.25-36; Isaías 4.28; 2 Corintios 5.17; Juan 10.10

- Pinta con color verde todos los pinitos, luego únelos.
- Pega, sobre el dibujo que se formó, ramitas de ciprés o papeles de color verde.

YO SOY LA LUZ DEL MUNDO

Juan 8.12.

ADVIENTO

SOMBREAR CON VIOLETA

MI CORAZÓN SE PREPARA Y ESPERA 2

Lucas 1.26-38; 21.25-36; Isaías 4.28; 2 Corintios 5.17; Juan 10.10

- Pinta o decora como más te agrade la corona de adviento.
- Busca los textos bíblicos y encontrarás el significado de cada vela; escríbelo adentro de cada una.

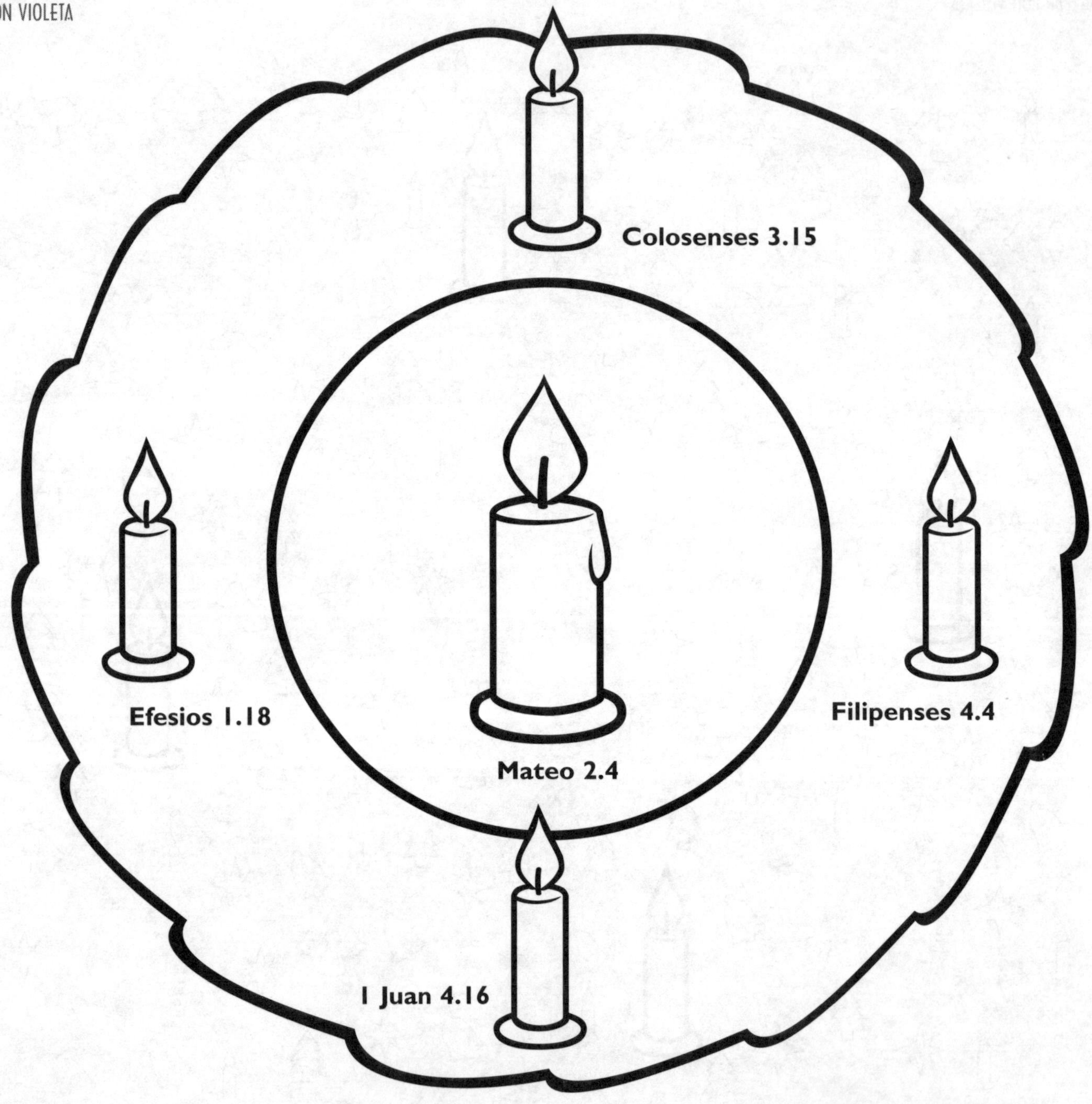

- Busca Juan 8.12 y anótalo en el recuadro.

BLANCO

¡NACIÓ JESÚS!

Lucas 2.1-20

- Ayuda a los pastores a encontrar el camino al pesebre del niño Jesús.

BLANCO

¡NACIÓ EL REDENTOR!

Lucas 2.1-20

- Pinta los lugares que tienen una estrella y encontrarás el mensaje de Navidad; transcríbelo en la tirilla de abajo.

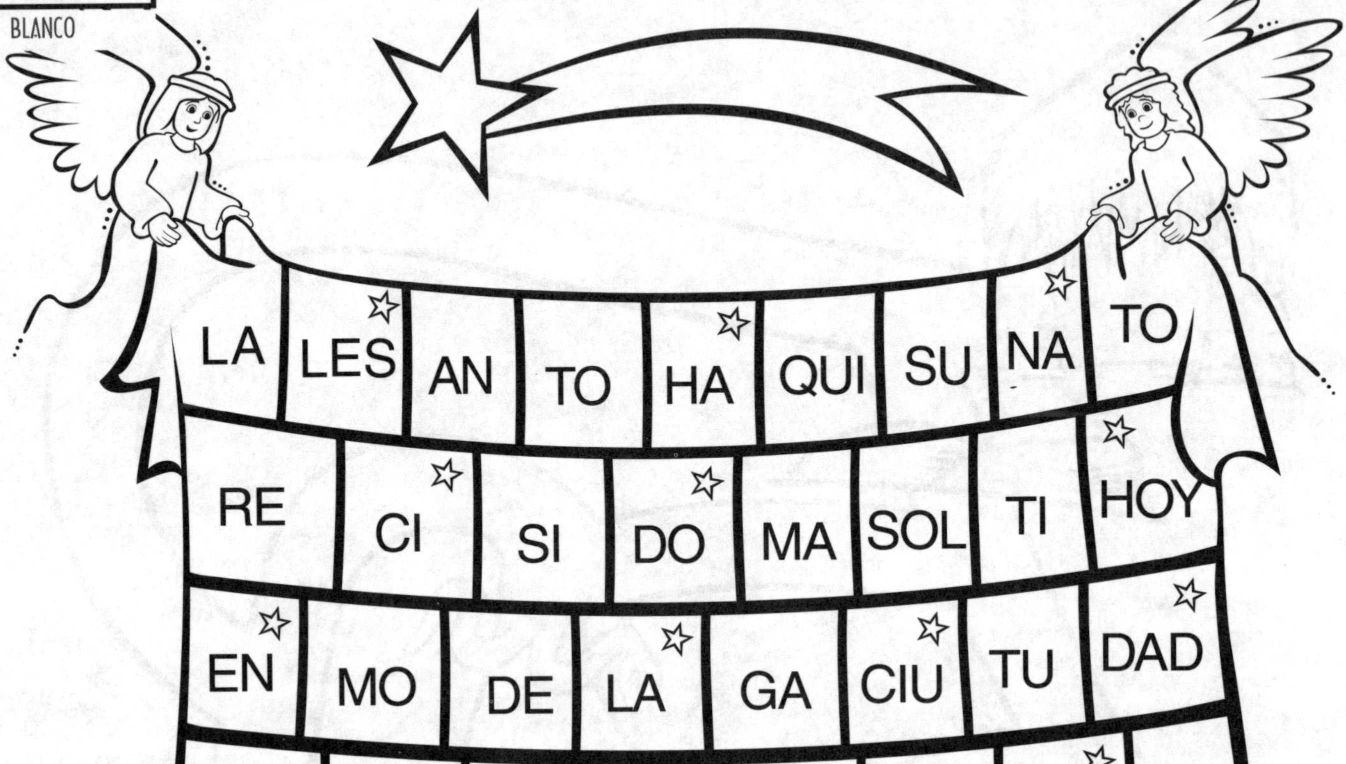

LA	LES ☆	AN	TO	HA ☆	QUI	SU	NA ☆	TO
RE	CI ☆	SI	DO ☆	MA	SOL	TI	HOY ☆	
EN ☆	MO	DE	LA ☆	GA	CIU ☆	TU	DAD ☆	
NE	DE ☆	IS	DA ☆	TO	PE	VID ☆	PO	
UN ☆	PLO	SAL ☆	RO	CA	VA ☆	SO	DOR ☆	
AN	QUE ☆	ON	ES ☆	AD	CRIS ☆	CO	MI	
TO ☆	FE	EL ☆	PE	SE ☆	LI	CI	ÑOR ☆	DAD

													☆
											☆	☆	☆

Lucas 2.8-14.

AÑO NUEVO

Jesús

BLANCO

¿CÓMO LO LLAMARON?

Lucas 2.21

- Recorta, arma y pinta. Pega papelitos brillantes sobre las letras.

JESÚS

ELLOS FUERON OBEDIENTES

Jesús

BLANCO

- José y María le pusieron por nombre Jesús así como el ángel les había anunciado antes de nacer. Mateo 1.21; Lucas 1.31.

José y María eran obedientes, hacían lo que Dios les ordenaba.
Mateo 2.13-14; Lucas 2.22-24; Lucas 2.39.

- Para que hagas solito:

Dibuja una ☺ al lado de la oración correcta. Dibuja una carita ☹ si no lo es.

- ERES OBEDIENTE:

- Cuando gritas y pataleas.
- Cuando le haces un mandado a mamá.
- Cuando peleas con un amiguito.
- Cuando dices la verdad.
- Cuando ayudas a tus abuelos.
- Cuando das gracias a Dios por su amor.
- Cuando pides perdón.

EPIFANÍA

BLANCO

Y ARRODILLÁNDOSE LO ADORARON

1

Mateo 2.11

- Puedes usar trocitos de tela de diferentes colores, brillantina, papelitos brillantes, para decorar esta imagen.

Y LA LUZ, JESÚS, BRILLÓ PARA TODOS LOS QUE ANDABAN EN OSCURIDAD

Mateo 4.12-16; Lucas 2.28-32; Mateo 2.1-12

- Ordena las palabras de estas oraciones y encontrarás la alabanza de Simeón cuando tomó a Jesús en sus brazos.

Lucas 2.30-31

SALVACIÓN YA PORQUE VISTO LA HE ______________________________

REALIZAR A HAS COMENZADO QUE ______________________________

DE VISTA LOS PUEBLOS A LA TODOS ______________________________

SOMBREAR CON VERDE

¡ÉSTE ES MI HIJO AMADO!

Mateo 3.13-17

- Pinta con los deditos. Usa témpera azul, celeste, y blanca.

SOMBREAR CON VERDE

EL BAUTISMO DE JESÚS

Mateo 3.13-17; Lucas 3.21-22

- Busca en esta sopa once palabras relacionadas con el bautismo de Jesús.

J	F	R	M	P	A	G	U	A	O	E	T	S
J	M	H	P	A	N	J	E	S	Ú	S	T	A
D	A	J	I	L	F	G	Y	T	R	P	N	N
R	M	U	H	O	E	U	E	I	D	Í	S	T
U	G	A	T	M	N	J	L	E	A	R	N	O
S	M	N	U	A	D	O	E	U	K	I	R	E
A	M	N	B	V	C	R	G	E	R	T	U	I
H	I	J	O	F	U	D	I	O	M	U	U	I
C	V	É	R	U	A	Á	D	C	I	E	L	O
A	M	A	D	O	G	N	O	A	L	I	L	E

SOMBREAR CON VERDE

JESÚS MOSTRÓ SU GLORIA

Lucas 9.28-36

- Decora con brillantina o papel plateado.

ESCÚCHENLO

Lucas 9.35

SOMBREAR CON VERDE

"ESCÚCHENLO"

EL MAESTRO PERFECTO, EJEMPLO PERFECTO

Lucas 9.28-36; Mateo 17.1-13

- ¡A leer y completar!

1 _ E _ _ _ Lc 9.28
2 _ _ S _ _ _ Mt 17.2
3 _ _ _ T _ _ _ _ Mt 17.2
4 _ E _ _ _ _ _ _ _ _ _ _ _ _ _ _ Lc 9.29
■
5 _ _ _ _ E _ Lc 9.30
6 _ _ _ _ S Lc 9.30
■
7 M _ _ _ _ Mt 17.1
8 _ _ _ _ I _ Lc 9.31
■
9 H _ _ _ Mt 17.5
10 _ _ _ _ _ _ _ _ _ I _ _ _ _ _ Mt 17.2
11 J _ _ _ _ Mt 17.1-2
12 O _ _ _ _ Lc 9.29
■
13 _ A _ _ _ _ _ _ _ Lc 9.28
14 _ M _ _ _ Mt 17.5
15 _ _ A _ Mt 17.1
16 D _ _ _ _ _ _ _ _ _ _ Mt 17.6
17 _ _ _ O _ Mt 17.6

REFERENCIAS:

1- Uno de los tres discípulos que acompañó a Jesús. **2**- ¿Qué resplandeció como el sol? **3**- ¿Qué cosas se hicieron blancos como la luz? **4**- Los vestidos de Jesús, además de blancos ¿cómo más lucían? **5**- Varón que representa la ley. **6**- Varón que representa los profetas. **7**- Lugar donde llevó Jesús a sus discípulos. **8**- Moisés y Elías aparecieron rodeados de... **9**- Segunda persona de la Trinidad. **10**- ¿Qué ocurrió con Jesús delante de sus discípulos? **11**- ¿Quién se transfiguró? **12**- ¿Qué hacía Jesús cuando cambió su apariencia? **13**- Nombre del segundo discípulo. **14**- Cualidad del Hijo de Dios. **15**- Nombre del tercer discípulo que presenció la escena. **16**- ¿Quiénes oyeron la voz de Dios que hablaba desde la nube? **17**- ¿Qué sintieron los discípulos?

SOMBREAR CON VIOLETA

¡CON PALMAS Y RAMOS!

Mateo 21.1-11

- Decora con ramitas y trocitos de tela.

SEMANA SANTA
DOMINGO DE RAMOS

SOMBREAR CON VIOLETA

RUMBO A JERUSALÉN

Mateo 21.1-11; Lucas 19.28-44

2

En Oriente, cuando un rey llegaba montado en un burro, significaba que llegaba en PAZ y HUMILDAD.
- Observa el texto y trata de completarlo con las sílabas que están en las casillas de abajo.
Si necesitas ayuda busca en Mateo 21.9.

	RIA	AL		JO		REY	DA	
	DI		EL		VIE		EN	
NOM		DEL		ÑOR	GLO		EN	
	TU							

VID	QUE	BEN	GLO	EL
HI	RAS	NE	BRE	SE
DEL	TO	RIA	LAS	AL

SEMANA SANTA
JUEVES SANTO

SOMBREAR CON VIOLETA

JESÚS ENSEÑA A SERVIR

Juan 13.1-17

1

- Pinta como te guste, pega hilos sobre la toalla y papeles de color celeste en la palangana.

SOMBREAR CON VIOLETA

SERVIR COMO QUIERE JESÚS

Juan 13.1-20

- Investiga en Mateo 10.2 cómo se llamaban los discípulos de Jesús.
- Anota sus nombres en los recuadros.

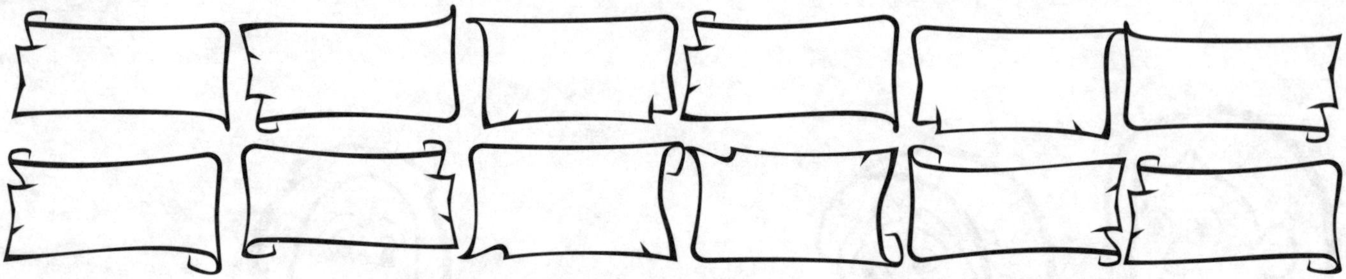

- En el recuadro central faltan sílabas o letras. Una vez completo, leerás las palabras de Jesús a sus discípulos. Juan 13.15.

Cita	Nº
Jn 13.1	1
Mt 10.2	2
Jn 13.12	3
Jn 13.2-4	4
Mt 10.2	5
Jn 13.5	6
Jn 13.15	7
Mt 21.12	8
Jn 13.5	9
Jn 13.5	10
Jn 13.23	11
Jn 13.23	12
Jn 13.7	13
Jn 13.7	14
Jn 13.27	15
Jn 13.38	16
Nombre de discípulo	17
Jn 13.33	18
Mt 10.2	19

1- ¿A quiénes amaba Jesús? **2**- ¿A quiénes eligió Jesús?
3- ¿Qué debían entender los discípulos? **4**- Apóstol que traicionó a Jesús.
5- Cantidad de apóstoles. **6**- Lo que lavó Jesús. **7**- Lo que Jesús dio. **8**- ¿A dónde entró Jesús? **9**- Recipiente que usó Jesús. **10**- Lugar en donde ató la toalla. **11**- Sinónimo de amaba. **12**- ¿Quién conversaba mientras cenaban? **13**- Sinónimo de comprenderás. **14**- ¿Cuándo iba a entender Pedro? **15**- Orden de Jesús a Judas. **16**- Lo que hacen las personas, al igual que Pedro. **17**- Nombre de discípulo que tiene cuatro sílabas. **18**- Mientras hablaba Jesús con sus discípulos ¿les dijo algo distinto que a los judíos? **19**- También llamado Pedro.

SOMBREAR CON NEGRO

JESÚS MURIÓ POR MÍ

Lucas 23.26-56

- Pega trocitos de madera, corteza de árbol o viruta, pinta con gris o pega cenizas sobre la escena.

PUES DIOS AMÓ TANTO AL MUNDO QUE DIO A SU HIJO ÚNICO,
PARA QUE TODO AQUEL QUE CREE EN ÉL NO MUERA
SINO QUE TENGA VIDA ETERNA. Juan 3.16

SEMANA SANTA
VIERNES SANTO

SOMBREAR CON NEGRO

EL SACRIFICIO DE JESÚS FUE POR MÍ

MATEO 27.32-55

2

- Decora como más te guste.

- Completa con la letra que te indica cada dibujo y podrás leer la confesión del centurión romano.

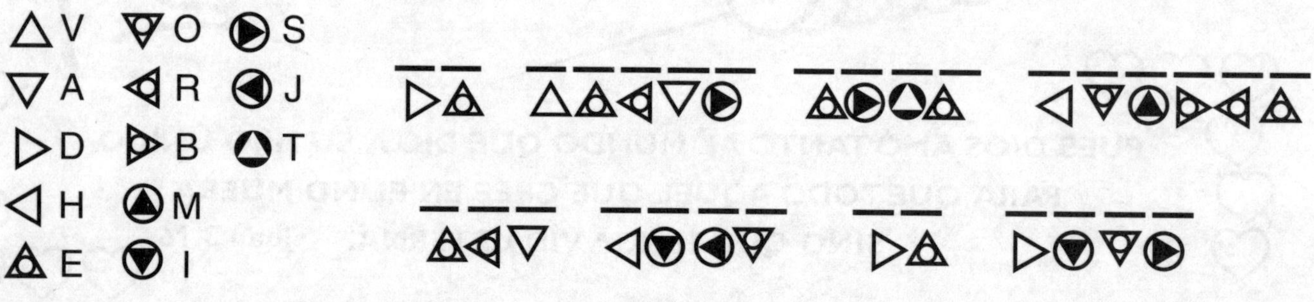

¡JESÚS RESUCITÓ POR MÍ!

Juan 20.1-20

- Pega papelitos brillantes sobre la luz, pinta la gruta, decora la nube con algodón, y el cielo con papel celeste.

PASCUA

BLANCO

¿POR QUÉ BUSCAN ENTRE LOS MUERTOS AL QUE VIVE?

Lucas 24.1-12

- Decora como más te agrade.

¡ALELUYA!

- Ordena los carteles mezclados y escribe los versículos en los recuadros.

QUÉ | BUSCAN | VIVO? | USTEDES | ESTÁ | MUERTOS | ENTRE | ¿POR | LOS | AL | QUE

ESTÁ | RESUCITADO | AQUÍ | NO | QUE | HA | SINO

Lucas 24.5

Lucas 24.6

ASCENSIÓN

BLANCO

SUBIÓ AL CIELO POR MÍ ¡ALELUYA!

Mateo 16.14-20; Hechos 1.1-11

- Colorea con crayones o decora con algodón y papeles de colores o trocitos de tela.

- Une los puntos y lee lo que quedó formado. Tu maestra te explicará lo que significa.

ALELUYA

ASCENSIÓN

BLANCO

¿POR QUÉ ESTÁN MIRANDO AL CIELO?

Hechos 1.1-11

- Pinta como más te agrade.

- Los discípulos fueron testigos de todo lo que hizo Jesús. Completa la grilla. Une con una línea los tres sucesos más importantes con su correspondiente texto bíblico (columna de la derecha).

1	**T** _ _ _ _ _ _	**Jn 18.15**
2 _	**E** _ _ _ _ _ _ _ _ _ _ _	**Mr 14.43-50**
3	**S** _ _ _ _ _ _ _ _ _ _ _ _	**Mr 15.3-37**
4 _ _ _ _ _	**T** _	**Jn 20.25-29**
5 _ _ _	**I** _ _	**Mr 16.14-20**
6 _ _ _ _	**G** _ _ _	**Hch 1.1-11**
7 _ _ _	**O** _ _ _ _ _ _	
8 _	**S** _ _ _ _ _ _ _ _ _ _	

REFERENCIAS: **1**- Jesús entró en... (Lc 19.45). **2**- Lucas 24.1-12, describe un hecho muy importante ¿cuál es? **3**- Hechos que Jesús hizo muchas veces (Jn 5.1-10). **4**- Situación a la que llegó Jesús por cada uno de nosotros (Mr 15.33-37). **5**- Lo que sufrió Jesús antes de morir (Mr 14.43-50). **6**- Hechos de Jesús que sorprendieron a la gente (Mt 11.20). **7**- ¿De qué manera hablaba Jesús? (Lc 4.32). **8**- Última vez que lo vieron con sus propios ojos (Hch 1.1-11).

SOMBREAR CON ROJO

JESÚS ENVÍA EL ESPÍRITU SANTO

Hechos 2.1-4

- Todos los apóstoles recibieron el ESPÍRITU SANTO. ¿A quiénes les falta? Completa y colorea.

SOMBREAR CON ROJO

...Y PROMETIÓ NO DEJARNOS SOLOS

Hechos 2.1-7

- En esta sopa de letras encontrarás once palabras relacionadas con la venida del Espíritu Santo; están en posición vertical y horizontal.

J	K	L	M	N	B	F	G	H	U	T	U	Y	E	O
J	M	H	P	E	N	T	E	C	O	S	T	É	S	K
E	A	E	I	D	F	G	Y	T	R	V	N	M	P	B
R	M	N	H	R	E	U	N	I	D	O	S	X	Í	K
U	G	U	T	M	N	U	I	E	A	N	N	H	R	M
S	M	R	U	I	D	O	H	U	K	E	R	E	I	O
A	M	N	B	V	C	X	Z	E	R	T	U	I	T	O
L	X	Z	V	F	U	E	G	O	M	N	U	I	U	K
É	H	U	I	U	A	E	O	H	J	C	M	N	S	M
N	Z	A	E	R	G	U	G	A	L	I	L	E	A	N
W	E	R	T	Y	U	J	G	A	E	E	M	N	N	O
D	C	R	E	Y	E	N	T	E	S	L	B	V	T	M
P	O	R	F	K	J	H	B	N	M	O	J	U	O	M
L	E	N	G	U	A	S	O	P	Q	R	S	T	U	H
V	B	E	R	S	A	G	U	A	S	O	M	B	R	O

Para reflexionar: Tú también recibes el Espíritu Santo en el bautismo y también tienes poder para dar testimonio de lo que Jesús hizo por ti.

¿Cómo puedes dar testimonio? Anótalo en el recuadro.

UN DIOS EN TRES PERSONAS

Mateo 28.16-20

- Pinta el trébol con témpera.
- Pinta o pega papeles de colores en el nombre de las tres personas de Dios.

Para memorizar:

Vayan, pues, a las gentes de todas las naciones y háganlas mis discípulos, bautícenlas en el nombre del Padre y del Hijo y del Espíritu Santo. Mateo 28.19

TRINIDAD

BLANCO

UN DIOS EN TRES PERSONAS

2

Génesis 1.1; Efesios 1.1-14; Juan 3.16; Colosenses 1.15-20; Juan 15.16-17; Juan 15.25-26; Juan 16.7-15.

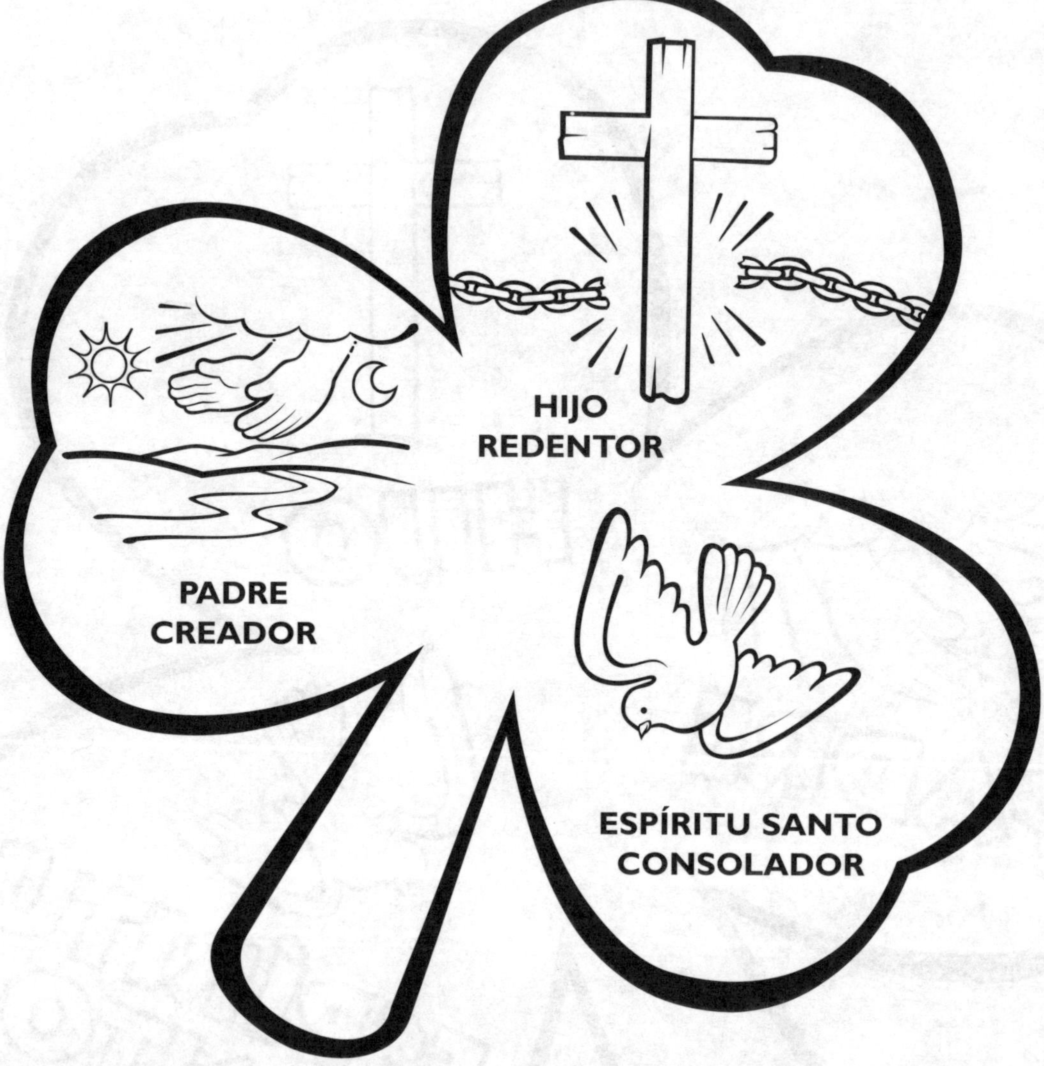

- Relaciona con flechas los cuadros centrales con los atributos y las acciones de Dios Trino.

 REDENTOR	**PADRE**	ME SALVÓ DE LA MUERTE
 CONSOLADOR	**HIJO**	ME CONSUELA, GUÍA, ILUMINA
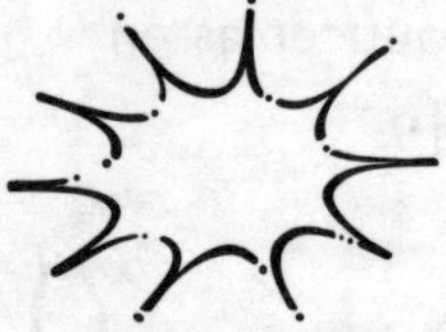 CREADOR	**ESPÍRITU SANTO**	ME CREÓ

ACCIÓN DE GRACIAS

SOMBREAR CON ROJO

DIOS QUIERE QUE YO SEA AGRADECIDO

1

Éxodo 23.14-16; Deuteronomio 16.13-17; Lucas 12.13-21

- Llena las líneas de puntos y decora con fideitos, porotos, lentejas.

TODO LO RECIBO DE DIOS, POR ESO...

GRACIAS

SEÑOR

ACCIÓN DE GRACIAS

SOMBREAR CON ROJO

EL PUEBLO DE DIOS AGRADECE LAS BENDICIONES RECIBIDAS

Éxodo 23.14-16; Deuteronomio 16.13-17; Lucas 12.13-21; Salmo 145.15-16

- Une los números entre sí y pinta como más te agrade.

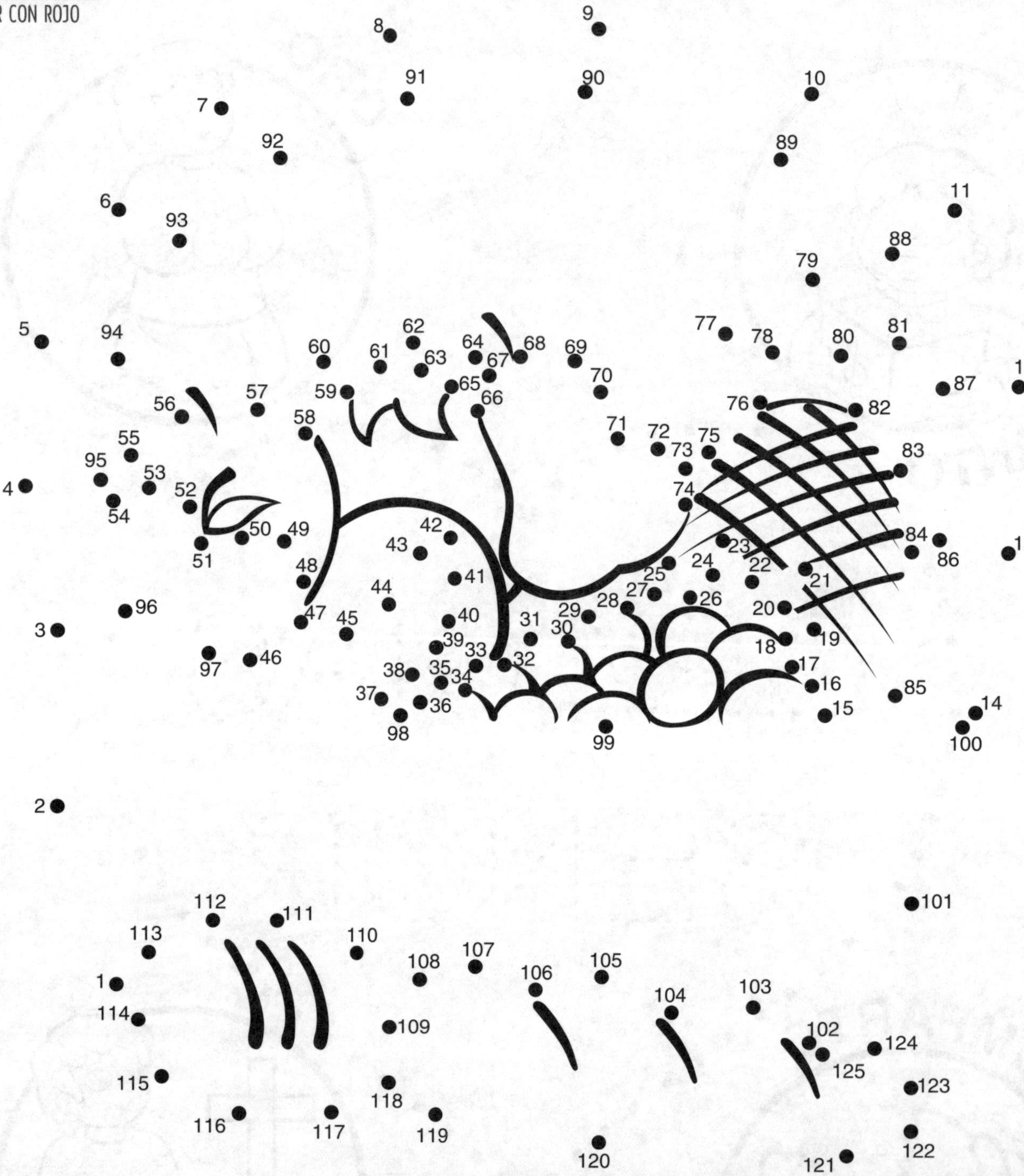

- Completa con las vocales que faltan, y leerás los versículos 15 y 16 del Salmo 145 (Dhh).

L		S	✋		J		S	✋	D		✋	T		D		S	✋		S	P		R	
N	✋	D		✋	T		✋	Q			✋	T		✋	L		S	✋	D		S	✋	S
	✋	C		M		D		✋		✋	S		✋	T			M	P		✋		B	R
	S	✋	T		✋	M		N	,	✋	Y	✋	C		N	✋	T		✋	B			N
	✋	V		L		N	T		D	✋	S		T		S	F		C		S	✋		✋
T		D		S	✋	L		S	✋	S		R		S	✋	V		V		S	✋		

SOMBREAR CON ROJO

QUIERO SER FIEL A TU PALABRA

Juan 8.31-36; Juan 15.7

- Pinta con témperas o lápices, pega brillitos en los destellos de luz.

Para memorizar:

Si ustedes se mantienen fieles a mi palabra, serán de veras mis discípulos; conocerán la verdad, y la verdad los hará libres.

Juan 8.31-32.

DÍA DE LA REFORMA

SOMBREAR CON ROJO

DAME MÁS FE, SEÑOR

Juan 8.31-36; Gálatas 3.6-11; Juan 15.7

- Busca en esta sopa de letras palabras del texto de Gálatas 3.11, luego colorea las casillas. Hay 21 palabras.

E	D	G	H	V	I	D	A	M	I	N	L	K	O
S	M	M	N	U	K	X	E	Y	Q	J	K	A	T
C	A	G	E	L	N	M	N	M	O	N	J	E	E
R	R	H	U	J	U	S	T	O	M	P	O	R	Ó
I	T	G	Ú	G	A	O	A	A	E	E	U	Ú	L
B	Í	X	L	A	V	B	E	A	M	O	R	I	O
I	N	Y	U	E	J	S	S	S	R	Q	W	J	G
Ó	M	É	W	G	F	E	E	Ó	M	D	E	B	O
D	L	F	U	G	J	H	J	D	I	O	S	I	M
H	U	B	V	I	V	I	R	Á	O	K	I	B	M
I	T	V	G	Y	U	E	R	T	O	W	E	L	A
M	E	H	U	I	D	I	O	M	A	M	N	I	A
N	R	T	R	A	D	U	J	O	S	L	A	A	Y
O	O	V	A	L	E	M	Á	N	G	U	I	P	O
S	Q	V	B	N	M	D	F	G	A	E	Z	O	P

- ¿Qué otras palabras encontraste?
¿Tienen relación con la Reforma? ¿Por qué?
Compártelo con tu maestra.